Nora and the Singing River Bilingual Norwegian-English Stories for Children

Pomme Bilingual

Published by Pomme Bilingual, 2024.

While every precaution has been taken in the preparation of this book, the publisher assumes no responsibility for errors or omissions, or for damages resulting from the use of the information contained herein.

NORA AND THE SINGING RIVER BILINGUAL NORWEGIAN-ENGLISH STORIES FOR CHILDREN

First edition. October 8, 2024.

Copyright © 2024 Pomme Bilingual.

ISBN: 979-8227502391

Written by Pomme Bilingual.

Table of Contents

Skatten i Trollheimen 1

The Treasure of Trollheimen 3

Nora og den Syngende Elven 5

Nora and the Singing River 7

Eventyrene til Lasse den Modige 9

The Adventures of Lasse the Brave 11

Benny og den Usynlige Vennen 13

Benny and the Invisible Friend 15

Eira og Måneskinnsdansen 17

Eira and the Moonlight Dance 19

Den Store Fotballkampen 21

The Great Soccer Match 23

Lotte og Den Magiske Hagen 25

Lotte and the Magical Garden 27

Kaspers utrolige oppfinnelse 29

Kasper's Unbelievable Invention 31

Emil og den tidsreisende sykkelen 33

Emil and the Time-Traveling Bicycle 35

Den Mysteriske Skogen i Fabelheim 37

The Mysterious Forest of Fabelheim 41

Milo og den Magiske Penselen 45

Milo and the Magical Paintbrush 47

Liam og Den Stjernefylte Eventyret 49

Liam and the Starry Adventure 51

Det Fantastiske Bakeriet 53

The Fantastic Bakery 57

Skatten i Trollheimen

Det var en gang tre bestevenner: Maria, Jakob og Sofie. De bodde i en liten landsby ved foten av de majestetiske Trollheimen-fjellene. Ryktene om en legendarisk skatt skjult dypt inne i fjellene hadde sirkulert i årevis, men ingen hadde noensinne våget å lete etter den. En dag bestemte vennene seg for å begi seg ut på et eventyr for å finne denne skatten.

De pakket sekker med mat, vann og nødvendige verktøy før de la i vei tidlig om morgenen. Stien opp fjellet var bratt og utfordrende, men de tre vennene var motiverte av tanken på skatten. Etter flere timer med klatring kom de til en mystisk lysning. I midten av lysningen sto en stor stein med inskripsjoner som ingen av dem kunne forstå.

"Vi må finne ut hva dette betyr," sa Maria. De undersøkte steinen nøye, og Sofie oppdaget et bilde av en troll. "Kanskje dette er en ledetråd," foreslo hun. "Vi må følge sporene etter trollet."

De fortsatte på stien, og snart kom de til en dyp grotte. Utenfor grotten voktet en stor troll med glitrende øyne. Vennene ble redde, men Jakob sa: "Vi kan ikke gi opp nå. Vi må være modige!" De bestemte seg for å snakke med trollet.

"Hei, store troll," sa Maria, stemmen hennes skalv. "Vi leter etter skatten i fjellene. Kan du hjelpe oss?"

Trollet så på dem med et vennlig smil. "Skatten er din, men først må dere bevise deres mot. Løs gåtene mine, så kan dere gå inn i grotten."

Trollet begynte å stille dem spørsmål. De tre vennene samarbeidet og svarte på alle gåtene med kløkt og list. Til slutt, imponert av deres mot og vennskap, sa trollet: "Dere har bevist at dere er verdige. Gå inn i grotten, men vær forsiktige!"

Inne i grotten lyste krystaller som stjerner. De oppdaget en stor kiste fylt med gull og edelstener. Vennene jublet av glede! De hadde funnet skatten! Men de visste at ekte skatt var vennskapet de hadde delt under reisen.

Da de kom tilbake til landsbyen, var de helter. Ryktene om deres eventyr spredte seg, og de innså at den største skatten av alle var motet de hadde vist, og båndet som hadde knyttet dem sammen.

The Treasure of Trollheimen

O nce upon a time, there were three best friends: Maria, Jakob, and Sofie. They lived in a small village at the foot of the majestic Trollheimen mountains. Rumors of a legendary treasure hidden deep within the mountains had circulated for years, but no one had ever dared to seek it. One day, the friends decided to embark on an adventure to find this treasure.

They packed bags with food, water, and essential tools before setting off early in the morning. The trail up the mountain was steep and challenging, but the three friends were motivated by the thought of the treasure. After several hours of climbing, they reached a mysterious clearing. In the middle of the clearing stood a large stone with inscriptions that none of them could understand.

"We need to figure out what this means," said Maria. They examined the stone closely, and Sofie discovered an image of a troll. "Maybe this is a clue," she suggested. "We need to follow the troll's tracks."

They continued on the path, and soon they came to a deep cave. Outside the cave, a large troll with sparkling eyes was guarding it. The friends were frightened, but Jakob said, "We can't give up now. We must be brave!" They decided to talk to the troll.

"Hello, great troll," said Maria, her voice trembling. "We're searching for the treasure in the mountains. Can you help us?"

The troll looked at them with a friendly smile. "The treasure is yours, but first you must prove your courage. Solve my riddles, and you may enter the cave."

The troll began to ask them questions. The three friends worked together and answered all the riddles with wit and cleverness. At last, impressed by their courage and friendship, the troll said, "You have proven that you are worthy. Go into the cave, but be careful!"

Inside the cave, crystals sparkled like stars. They discovered a large chest filled with gold and jewels. The friends cheered with joy! They had found the treasure! But they knew that the true treasure was the friendship they had shared during the journey.

When they returned to the village, they were heroes. Rumors of their adventure spread, and they realized that the greatest treasure of all was the courage they had shown and the bond that had brought them together.

Nora og den Syngende Elven

Nora bodde i en liten landsby omringet av frodige skoger og høye fjell. Like ved huset hennes rant en elv som glitret som diamanter i sollyset. Men det var ikke bare vannet som gjorde elven spesiell; den kunne synge.

En tidlig morgen, da Nora gikk ned til elven for å hente vann, hørte hun en vakker melodi som svevde over vannet. Det var som om elven fortalte en historie. Fascinert satte hun seg ned på stranden og lukket øynene, lyttet til de myke tonene som fylte luften.

Hver dag kom Nora til elven, og hver dag sang den en ny sang. Hver melodi var som en fortelling fra fortiden; om hennes forfedre, om kjærlighet og tap, om håp og motstand. Hun hørte om de første innbyggerne i landsbyen, om kampene de hadde utkjempet, og om tradisjonene de hadde bevart.

En dag, mens elven sang en spesielt gripende melodi, følte Nora noe røre seg i hjertet. Hun innså at historiene fra elven ikke bare var minner; de var kilder til styrke. Landsbyen hennes hadde gjennomgått mange utfordringer, men innbyggerne hadde alltid funnet mot til å kjempe for det de trodde på.

Da hun kom tilbake til landsbyen, oppdaget hun at folkene hennes var motløse. Det hadde vært konflikter mellom innbyggerne, og mange hadde mistet troen på fremtiden. Nora tenkte på sangene fra elven og følte at hun måtte gjøre noe.

"Vi kan ikke gi opp!" ropte hun til landsbyboerne. "Vi har en rik historie som vi må bevare. La oss komme sammen og kjempe for vår landsby, akkurat som våre forfedre gjorde!"

Inspirert av Noras ord begynte innbyggerne å samles. De delte sine historier, sine drømmer og sine bekymringer. Sammen lagde de en plan for å styrke samholdet i landsbyen.

En kveld, under stjernene, samlet landsbyboerne seg ved elven. Nora begynte å synge med elven, og til hennes overraskelse begynte de andre å bli med. Deres stemmer blandet seg med elvens sang, og sammen skapte de en vakker melodi som fylte natten med håp og glede.

Fra den dagen av ble elven en symbol for fellesskapet i landsbyen. Nora fortsatte å besøke den hver dag, men nå sang hun ikke alene; hun sang med vennene sine, som alle hadde funnet mot til å stå opp for sitt hjem og sin historie.

Nora and the Singing River

Nora lived in a small village surrounded by lush forests and towering mountains. Nearby her house flowed a river that sparkled like diamonds in the sunlight. But it wasn't just the water that made the river special; it could sing.

One early morning, when Nora went down to the river to fetch water, she heard a beautiful melody floating over the water. It was as if the river was telling a story. Fascinated, she sat down on the riverbank and closed her eyes, listening to the soft tones filling the air.

Every day, Nora visited the river, and every day it sang a new song. Each melody was like a tale from the past; about her ancestors, about love and loss, about hope and resilience. She heard about the first inhabitants of the village, about the battles they had fought, and about the traditions they had preserved.

One day, while the river sang a particularly moving melody, Nora felt something stir in her heart. She realized that the stories from the river were not just memories; they were sources of strength. Her village had faced many challenges, but the people had always found the courage to fight for what they believed in.

When she returned to the village, she discovered that her people were discouraged. There had been conflicts among the residents, and many had lost faith in the future. Nora thought of the river's songs and felt that she needed to do something.

"We cannot give up!" she shouted to the villagers. "We have a rich history that we must preserve. Let us come together and fight for our village, just as our ancestors did!"

Inspired by Nora's words, the villagers began to gather. They shared their stories, their dreams, and their concerns. Together they made a plan to strengthen the bond within the village.

One evening, under the stars, the villagers gathered by the river. Nora began to sing with the river, and to her surprise, others started to join in. Their voices blended with the river's song, and together they created a beautiful melody that filled the night with hope and joy.

From that day on, the river became a symbol of community in the village. Nora continued to visit it every day, but now she sang not alone; she sang with her friends, who had all found the courage to stand up for their home and their history.

Eventyrene til Lasse den Modige

U nder den mørke tiden av andre verdenskrig bodde det en ung gutt ved navn Lasse i en liten landsby i Norge. Lasse var ikke som de andre barna; han var modig og rasktenkt. Selv om krigen hadde skapt frykt og usikkerhet, nektet Lasse å la dette kaste skygger over hjertet hans.

En dag, mens han lekte ved elven, hørte Lasse et bråk i skogen. Nysgjerrig, gikk han nærmere for å se hva som foregikk. Til sin overraskelse oppdaget han en gruppe tyske soldater som undersøkte området. De lette etter motstandsbevegelsen, og Lasse visste at han måtte handle raskt for å beskytte familien sin og naboene.

Han løp hjem og fortalte foreldrene om soldatene. "Vi må advare de andre," sa han. Sammen med foreldrene sine, organiserte han et møte med naboene i stuen deres. Lasse foreslo at de skulle skjule forsyningene sine og lage en plan for å beskytte landsbyen.

De begynte å lage hemmelige lagersteder i skogen, og Lasse ledet gruppen med kløkt og mot. Han skapte en rekke signaler for å varsle folk om soldatenes bevegelser. De voksne beundret Lasses påfunn og hans evne til å tenke raskt i en vanskelig situasjon.

En natt, da han sto vakt, så Lasse en lysstråle fra en lommelykt som nærmet seg landsbyen. Han husket signalene han hadde laget og begynte å fløyte melodien de hadde blitt enige om. Lyden nådde nabohuset, og alle forberedte seg på å gå i dekning.

Soldatene kom inn i landsbyen, men takket være Lasses varsler, ble ingen skadet.

Dagene gikk, og krigen raste videre. Lasse fortsatte å hjelpe landsbyen med å holde motet oppe. Han organiserte små samlinger der de delte historier og sang sanger, noe som løftet ånden deres. Lasse ble et symbol på håp for alle rundt seg.

En dag, mens han samlet bær med vennene sine, så han en gruppe motstandsmenn som bevegde seg gjennom skogen. De så slitne ut, men deres blikk var fylt med besluttsomhet. Lasse bestemte seg for å hjelpe dem, og med vennene sine skapte de et skjulested for motstandsmennene i en gammel hule.

De delte mat og fortellinger, og motstandsmennene ga Lasse råd om mot og motstand. Lasse følte at han var en del av noe mye større enn seg selv. Han visste at han kunne gjøre en forskjell, selv i en verden fylt med krig.

Krigens dager ble til år, men takket være Lasses mot og oppfinnsomhet klarte landsbyen å overleve. Da krigen endelig tok slutt, var Lasse blitt en ung mann. Han hadde blitt et symbol på motstand og håp, ikke bare for landsbyen sin, men for hele landet.

Lasses eventyr var ikke bare en historie om krig; det var en historie om kjærlighet, mot og styrke som oppsto i mørket. Gjennom sin kløkt og tapperhet inspirerte han alle rundt seg til å tro på en bedre fremtid, selv i de vanskeligste tider.

The Adventures of Lasse the Brave

During the dark days of World War II, a young boy named Lasse lived in a small village in Norway. Lasse was not like the other children; he was brave and clever. Even though the war had created fear and uncertainty, Lasse refused to let it cast a shadow over his heart.

One day, while playing by the river, Lasse heard a commotion in the woods. Curious, he moved closer to see what was happening. To his surprise, he discovered a group of German soldiers searching the area. They were looking for the resistance, and Lasse knew he had to act quickly to protect his family and neighbors.

He ran home and told his parents about the soldiers. "We must warn the others," he said. Together with his parents, he organized a meeting with the neighbors in their living room. Lasse suggested they hide their supplies and come up with a plan to protect the village.

They began to create secret storage places in the woods, and Lasse led the group with ingenuity and courage. He devised a series of signals to alert people of the soldiers' movements. The adults admired Lasse's resourcefulness and his ability to think quickly in a tough situation.

One night, while keeping watch, Lasse saw a beam of light from a flashlight approaching the village. He remembered the signals he had created and began to whistle the melody they had agreed upon. The sound reached the neighboring house, and everyone prepared to take cover. The soldiers entered the village, but thanks to Lasse's warnings, no one was harmed.

Days passed, and the war raged on. Lasse continued to help the village keep their spirits high. He organized small gatherings where they shared stories and sang songs, lifting their spirits. Lasse became a symbol of hope for everyone around him.

One day, while picking berries with his friends, he saw a group of resistance fighters moving through the forest. They looked weary, but their eyes were filled with determination. Lasse decided to help them, and with his friends, they created a hiding place for the fighters in an old cave.

They shared food and stories, and the resistance fighters gave Lasse advice on courage and defiance. Lasse felt he was part of something much larger than himself. He knew he could make a difference, even in a world filled with war.

Days turned to years during the war, but thanks to Lasse's courage and ingenuity, the village managed to survive. When the war finally came to an end, Lasse had grown into a young man. He had become a symbol of resistance and hope, not just for his village but for the entire country.

Lasse's adventures were not just a story of war; they were a story of love, bravery, and strength that emerged from darkness. Through his cleverness and bravery, he inspired everyone around him to believe in a better future, even in the toughest of times.

Benny og den Usynlige Vennen

———

Benny var en liten gutt som alltid følte seg annerledes. På skolen hadde han vanskelig for å få venner. Barna i klassen hans virket alltid så glade sammen, men Benny følte seg ofte alene. Han ønsket å leke, men ordet "lek" føltes mer som et fjernt minne enn noe han opplevde.

En dag, etter en lang dag på skolen, bestemte Benny seg for å ta en tur til parken. Han satt på en benk og så på de andre barna som lekte. Plutselig hørte han en myk stemme bak seg. "Hvorfor ser du så trist ut, Benny?" spurte stemmen. Han snudde seg rundt, men så ingen der.

"Er det noen her?" spurte han nervøst. Da svarte stemmen igjen. "Ja, det er meg, Dinus! Din usynlige venn." Benny kunne ikke tro det han hørte. "Usynlig venn? Hvordan er det mulig?"

Dinus forklarte at han var en usynlig venn som kunne hjelpe Benny med å finne glede og vennskap. Benny ble spent, og de begynte å snakke. Dinus var full av morsomme historier og gode råd. Han lærte Benny om viktigheten av å være snill, modig og å bruke fantasien.

Neste dag på skolen, med Dinus ved sin side, følte Benny seg tryggere. Han begynte å ta sjanser, som å invitere en klassekamerat til å spille fotball. "Bare vær deg selv," sa Dinus. "De vil like deg for den du er." Benny husket de ordene, og med modet til sin usynlige venn, gikk han bort til gruppen av barn.

Til hans overraskelse begynte de å smile og inkludere ham i leken. Det føltes som om en ny verden åpnet seg for Benny. Hver dag etter skolen kom Dinus med nye eventyr og oppgaver for Benny, og han begynte å utvikle fantastiske ideer.

En dag fikk Benny en idé om å lage et kunstprosjekt som involverte hele klassen. "Vi skal lage en stor plakat med våre drømmer," sa han. "Hver av oss kan tegne noe som representerer våre håp." Med hjelp fra Dinus fikk Benny klassen med på prosjektet, og det ble en stor suksess.

Benny oppdaget at når han delte sine tanker og ideer, vokste vennskapene hans. Han begynte å se at hans usynlige venn var mer enn bare en stemme; han var en kilde til mot og inspirasjon.

Som tiden gikk, begynte Benny å få flere venner i klassen. Han følte seg ikke lenger alene. En dag spurte en av vennene hans: "Hvor får du alle de fantastiske ideene fra?" Benny smilte og svarte: "Kanskje det er mine usynlige venner som hjelper meg."

Benny innså at selv om ingen andre kunne se Dinus, hadde han lært ham så mye om vennskap og kreativitet. Han forstod at det ikke betydde noe at vennene ikke var synlige; det som betydde noe, var hva de lærte ham om å være snill, modig, og å tro på seg selv.

Benny and the Invisible Friend

Benny was a little boy who always felt different. At school, he struggled to make friends. The children in his class always seemed so happy together, but Benny often felt alone. He wanted to play, but the word "play" felt more like a distant memory than something he experienced.

One day, after a long day at school, Benny decided to take a walk to the park. He sat on a bench and watched the other children play. Suddenly, he heard a soft voice behind him. "Why do you look so sad, Benny?" asked the voice. He turned around but saw no one there.

"Is someone here?" he asked nervously. The voice replied again, "Yes, it's me, Dinus! Your invisible friend." Benny couldn't believe what he was hearing. "Invisible friend? How is that possible?"

Dinus explained that he was an invisible friend who could help Benny find joy and friendship. Benny became excited, and they began to talk. Dinus was full of funny stories and great advice. He taught Benny about the importance of being kind, brave, and using imagination.

The next day at school, with Dinus by his side, Benny felt braver. He started to take chances, like inviting a classmate to play soccer. "Just be yourself," said Dinus. "They will like you for who you are." Benny remembered those words, and with the courage of his invisible friend, he walked over to the group of children.

To his surprise, they began to smile and include him in the game. It felt like a new world opened up for Benny. Every day after school, Dinus brought new adventures and tasks for Benny, and he began to develop fantastic ideas.

One day, Benny had an idea to create an art project that involved the whole class. "We're going to make a big poster of our dreams," he said. "Each of us can draw something that represents our hopes." With Dinus's help, Benny got the class involved in the project, and it turned out to be a great success.

Benny discovered that when he shared his thoughts and ideas, his friendships grew. He began to see that his invisible friend was more than just a voice; he was a source of courage and inspiration.

As time passed, Benny started to make more friends in class. He no longer felt alone. One day, a friend asked him, "Where do you get all those fantastic ideas?" Benny smiled and replied, "Maybe it's my invisible friends who help me."

Benny realized that even though no one else could see Dinus, he had taught him so much about friendship and creativity. He understood that it didn't matter that the friends weren't visible; what mattered was what they taught him about being kind, brave, and believing in himself.

Eira og Måneskinnsdansen

———

Det var en gang en ung jente ved navn Eira som bodde i en liten landsby omkranset av høye fjell. Hver fullmåne samlet folk fra landsbyen seg for å danse under måneskinnet. Det ble sagt at måneskinnsdansen hadde magiske krefter og kunne knytte dem til deres forfedre.

En kveld, da månen skinte klart på himmelen, ble Eira invitert til å delta i dansen for første gang. Hun var både spent og nervøs. Hun hadde hørt historier om hvordan dansen kunne bringe lykke og velsignelse til landsbyen, og hun ønsket å gjøre sine forfedre stolte.

Da Eira kom til plassen hvor dansen skulle finne sted, ble hun møtt av den vakre musikken som strømmet fra fela til en gammel mann. Folket danset i ring, kledd i fargerike klær, og smilene deres var lysere enn stjernene. Eira ble trukket inn i dansen, og hun begynte å svinge med de andre.

Som hun danset, begynte hun å føle noe magisk. Det var som om hun kunne høre hviskingene fra sine forfedre i vinden. Eira begynte å forstå at dansen var mer enn bare bevegelse; det var en måte å fortelle historier på, en måte å hedre de som hadde vært før henne.

Hun husket sin bestemor som hadde fortalt henne om sine egne forfedres danser. "Dansen er en forbindelse mellom fortiden og nåtiden," hadde hun sagt. "Når du danser, bærer du vår historie videre."

Eira danset med mer glede enn noen gang. Hun følte seg som en del av noe større, som om hun var med på å fortsette tradisjonen som hadde blitt overlevert i generasjoner. Hver bevegelse hun gjorde, var fylt med takknemlighet for de som kom før henne.

Etter hvert som natten skred frem, la hun merke til en lysstråle som skinte spesielt sterkt. Det var som om månen smilte ned til henne. Eira lukket øynene og lot seg fortrylle av musikken. Hun danset med all sin kraft, og hun følte en dyp forbindelse til jorden og himmelen.

Da dansen var over, samlet landsbyboerne seg for å dele historier. Eira fikk vite at hvert dansetrinn bar på en betydning, og at det var opp til henne å bevare disse tradisjonene for fremtidige generasjoner.

Eira følte seg inspirert. Hun lovet seg selv at hun ville lære de yngre barna i landsbyen om dansen og historiene bak den. På denne måten ville hun gi liv til tradisjonene som knyttet dem til deres forfedre.

Fra den kvelden av ble Eira en hjertevarm forteller og danser. Hun ble kjent som "Måneskinnets Datter," og hver fullmåne ledet hun landsbyen i dansen, og fortsatte å dele sin kjærlighet for tradisjon og historie.

Eira and the Moonlight Dance

Once upon a time, there was a young girl named Eira who lived in a small village surrounded by tall mountains. Every full moon, the villagers gathered to dance under the moonlight. It was said that the moonlight dance had magical powers and could connect them to their ancestors.

One evening, when the moon shone brightly in the sky, Eira was invited to participate in the dance for the first time. She was both excited and nervous. She had heard stories of how the dance could bring luck and blessings to the village, and she wanted to make her ancestors proud.

When Eira arrived at the place where the dance was to take place, she was greeted by beautiful music flowing from the fiddle of an old man. The villagers danced in a circle, dressed in colorful clothes, and their smiles were brighter than the stars. Eira was drawn into the dance, and she began to swing with the others.

As she danced, she started to feel something magical. It was as if she could hear the whispers of her ancestors in the wind. Eira began to understand that the dance was more than just movement; it was a way to tell stories, a way to honor those who had come before her.

She remembered her grandmother telling her about her own ancestors' dances. "The dance is a connection between the past and the present," she had said. "When you dance, you carry our story forward."

Eira danced with more joy than ever before. She felt like a part of something greater, as if she was continuing a tradition that had been passed down for generations. Every movement she made was filled with gratitude for those who had come before her.

As the night went on, she noticed a beam of light shining particularly brightly. It was as if the moon was smiling down at her. Eira closed her eyes and let herself be enchanted by the music. She danced with all her might, feeling a deep connection to the earth and the sky.

When the dance was over, the villagers gathered to share stories. Eira learned that each dance step carried meaning, and that it was up to her to preserve these traditions for future generations.

Eira felt inspired. She promised herself that she would teach the younger children in the village about the dance and the stories behind it. In this way, she would keep alive the traditions that connected them to their ancestors.

From that night on, Eira became a warm-hearted storyteller and dancer. She was known as "The Daughter of the Moonlight," and every full moon, she led the village in the dance, continuing to share her love for tradition and history.

Den Store Fotballkampen

Det var en solfylt lørdag morgen i den lille landsbyen Bjerkebekk, og spenningen var til å ta og føle på. Det var tid for den årlige fotballkampen mellom nabolagene, og barna var ivrige etter å delta. Men denne gangen var det et lite problem: laget deres var en gjeng med misfoster.

Hovedpersonen i historien var Max, en klønete, men optimistisk gutt med store drømmer om å score det vinnende målet. Max hadde alltid elsket fotball, men hadde aldri vært en del av et lag før. Sammen med vennene sine, Nora, en bokorm som var mer interessert i å lese bøker om fotball enn å spille, og Oliver, en fryktelig nervøs gutt som alltid ble redd når ballen kom for nær, bestemte de seg for å danne et lag.

Da de kom til fotballbanen, så de på motstanderne. De var alle store, sterke barn med profesjonelle drakter og fancy fotballsko. Max og vennene hans så på hverandre med tvil, men de bestemte seg for å gi det et forsøk.

Kampen begynte, og med én gang ble det klart at de hadde undervurdert motstanderne. Det første målet ble scoret av motstanderlaget, og Max følte seg nedslått. Men i stedet for å gi opp, begynte de å bruke sine unike styrker. Nora begynte å lage strategier basert på alt hun hadde lest om fotball, mens Oliver, etter å ha fått litt mot, begynte å blokkere skuddene som kom mot målet.

Selv om de mislyktes med å score de første to omgangene, var de fast bestemt på å gjøre sitt beste. I pausen samlet Max laget sitt. "Vi må tro på oss selv," sa han. "Vi er et lag, og vi kan gjøre dette sammen!" Barna begynte å heie på hverandre og le av de komiske situasjonene de hadde vært i så langt.

Den andre omgangen begynte, og de begynte å jobbe bedre sammen. De skapte flere sjanser, men ballen ville bare ikke gå inn i målet. I løpet av den siste minuten, med stillingen 3-0 til motstanderne, fikk de endelig en corner. Nora hvisket til Max: "Du må gå for det, Max!"

Max fikk ballen, og med hele hjertet sitt sparket han den mot målet. Ballen fløy gjennom luften, snublet over en motspiller, traff et hjørne av målposten og spratt rett inn i nettet. Publikum brøt ut i jubel, og Max kunne ikke tro det – de hadde scoret sitt første mål!

Kampen endte med at de tapte 3-1, men Max og vennene hans var glade. De hadde lært om samarbeid, vennskap, og viktigst av alt – at det var moro å spille sammen. Fra den dagen av ble de kjent som "Bjerkebekks Beste", og de lovet å spille sammen hver uke, ikke for å vinne, men for å ha det moro.

The Great Soccer Match

It was a sunny Saturday morning in the small village of Bjerkebekk, and the excitement was palpable. It was time for the annual neighborhood soccer match, and the kids were eager to participate. But this time, there was a small problem: their team was a bunch of misfits.

The main character in the story was Max, a clumsy but optimistic boy with big dreams of scoring the winning goal. Max had always loved soccer but had never been part of a team before. Together with his friends, Nora, a bookworm who was more interested in reading books about soccer than playing, and Oliver, a terribly nervous boy who always got scared when the ball came too close, they decided to form a team.

When they arrived at the soccer field, they looked at their opponents. They were all big, strong kids in professional jerseys and fancy soccer shoes. Max and his friends looked at each other doubtfully, but they decided to give it a try.

The match began, and right away it became clear that they had underestimated their opponents. The first goal was scored by the opposing team, and Max felt disheartened. But instead of giving up, they started using their unique strengths. Nora began to devise strategies based on everything she had read about soccer, while Oliver, after gaining a bit of courage, started blocking the shots that came toward the goal.

Although they failed to score in the first two halves, they were determined to do their best. During the break, Max gathered his team. "We have to believe in ourselves," he said. "We are a team, and we can do this together!" The kids started cheering each other on and laughing at the comical situations they had encountered so far.

The second half began, and they started working better together. They created more chances, but the ball just wouldn't go into the goal. In the final minute, with the score at 3-0 to the opponents, they finally got a corner kick. Nora whispered to Max, "You have to go for it, Max!"

Max got the ball, and with all his heart, he kicked it toward the goal. The ball flew through the air, stumbled over an opponent, hit a corner of the goalpost, and bounced right into the net. The crowd erupted in cheers, and Max couldn't believe it – they had scored their first goal!

The match ended with them losing 3-1, but Max and his friends were happy. They had learned about teamwork, friendship, and most importantly – that it was fun to play together. From that day on, they became known as "Bjerkebekk's Best," and they promised to play together every week, not to win, but to have fun.

Lotte og Den Magiske Hagen

Det var en solfylt dag da Lotte bestemte seg for å utforske skogen nær huset sitt. Hun elsket å leke ute, og skogen var alltid full av spennende overraskelser. Men denne dagen, mens hun trasket gjennom buskene, snublet hun over en skjult sti. Nysgjerrig fulgte hun stien og oppdaget en magisk hage, skjult for verden.

Hagen var fylt med fargerike blomster som danset i vinden, og trærne hvisket hemmeligheter til hverandre. Lotte ble overrasket da hun oppdaget at dyrene i hagen kunne snakke! En liten kanin ved navn Binky hoppet frem og sa: "Velkommen til vår hage, Lotte! Vi har ventet på deg!"

Binky forklarte at hagen var et magisk sted hvor dyrene og plantene levde i harmoni. Men de hadde et problem. En grå, mørk sky truet med å dekke hagen og ta bort all magien. "Vi trenger din hjelp!" ropte en blåfugl som het Lila. "Kun en modig jente som deg kan redde oss!"

Lotte følte seg beæret, men også litt redd. Hvordan kunne hun hjelpe? Dyrene begynte å fortelle henne om de magiske plantene i hagen som hadde spesielle evner. "Hvis vi kan samle nok av dem, kan vi skape en kraftig elixir som kan jage bort skyen," sa Binky.

Sammen begynte Lotte og dyrene å samle planter. De klatret opp i trærne for å plukke glitrende blomster og gravde i jorden for å finne skjulte røtter. Underveis lærte Lotte om viktigheten av vennskap og å ta vare på naturen. Hun lyttet til dyrenes historier, og de delte visdommen om hvordan de kunne leve sammen i harmoni.

Da de hadde samlet nok planter, begynte de å lage elixiren. Lotte blandet ingrediensene med omhu, og de kunne se hvordan den lysende væsken begynte å boble og glitre. I det de var klare, så de den grå skyen nærme seg hagen. "Nå må vi være raske!" ropte Lila.

Sammen hevet de elixiren mot himmelen og ropte: "Magien av vennskap og natur, kom tilbake til vår hage nå!" En lysstråle skøyt opp mot skyen, og før de visste ordet av det, begynte den mørke skyen å forsvinne. Fargene i hagen ble lysere, og latteren fra dyrene fylte luften.

Hagen var reddet! Dyrene danset rundt Lotte og takket henne for hennes mot og vennskap. "Du vil alltid være en del av vår magiske hage," sa Binky. Lotte smilte og visste at hun alltid ville komme tilbake for å besøke sine nye venner.

Da hun forlot hagen, visste hun at hun hadde lært noe viktig: at ved å ta vare på naturen og være modig, kunne man oppleve magiske eventyr og danne varige vennskap.

Lotte and the Magical Garden

It was a sunny day when Lotte decided to explore the forest near her home. She loved playing outside, and the forest was always full of exciting surprises. But this day, as she wandered through the bushes, she stumbled upon a hidden path. Curious, she followed the path and discovered a magical garden, hidden from the world.

The garden was filled with colorful flowers dancing in the wind, and the trees whispered secrets to each other. Lotte was astonished when she discovered that the animals in the garden could talk! A little rabbit named Binky hopped forward and said, "Welcome to our garden, Lotte! We have been waiting for you!"

Binky explained that the garden was a magical place where animals and plants lived in harmony. But they had a problem. A gray, dark cloud threatened to cover the garden and take away all the magic. "We need your help!" cried a bluebird named Lila. "Only a brave girl like you can save us!"

Lotte felt honored but also a little scared. How could she help? The animals began to tell her about the magical plants in the garden that had special powers. "If we can gather enough of them, we can create a powerful elixir that can chase the cloud away," said Binky.

Together, Lotte and the animals started collecting plants. They climbed trees to pick shimmering flowers and dug in the ground to find hidden roots. Along the way, Lotte learned about the importance of friendship and taking care of nature. She listened to the animals' stories, and they shared their wisdom on how to live together in harmony.

When they had gathered enough plants, they began to make the elixir. Lotte carefully mixed the ingredients, and they could see how the glowing liquid began to bubble and sparkle. As they prepared, they saw the gray cloud approaching the garden. "Now we must be quick!" shouted Lila.

Together, they raised the elixir to the sky and shouted, "The magic of friendship and nature, return to our garden now!" A beam of light shot up toward the cloud, and before they knew it, the dark cloud began to disappear. The colors in the garden grew brighter, and the laughter of the animals filled the air.

The garden was saved! The animals danced around Lotte and thanked her for her courage and friendship. "You will always be a part of our magical garden," said Binky. Lotte smiled, knowing she would always come back to visit her new friends.

As she left the garden, she realized she had learned something important: by taking care of nature and being brave, one could experience magical adventures and form lasting friendships.

Kaspers utrolige oppfinnelse

Kasper var en svært nysgjerrig gutt, alltid på jakt etter nye oppfinnelser. Han elsket å tilbringe tid i kjelleren, som han hadde gjort om til sitt eget laboratorium. Der eksperimenterte han med rare maskiner og ville idéer. Men den mest spennende oppfinnelsen han noen gang hadde laget var en maskin som kunne gjøre om vanlige ting til hva som helst han kunne forestille seg.

"Jeg kaller den for Transformatoren," sa Kasper stolt til katten sin, Tage. Tage virket uinteressert, men Kasper var ikke bekymret. Han var sikker på at denne maskinen ville forandre verden!

En dag bestemte Kasper seg for å teste maskinen på noe enkelt, så han la en gammel blyant inn i maskinens kammer og skrudde på bryteren. "Bli til sjokolade!" sa han høyt. Maskinen summet, blunket med lys, og før han visste ordet av det, lå det en stor sjokoladebar der blyanten hadde vært. Kasper kunne ikke tro det! Maskinen fungerte faktisk!

"Fantastisk!" utbrøt han. "Jeg kan forvandle alt jeg vil til hva som helst!"

Han ble så ivrig at han begynte å eksperimentere med alle mulige ting rundt huset. En gammel bok ble til en pizza, en stein ble til en fotball, og til og med et stykke papir ble forvandlet til en fugl som fløy rundt i rommet.

Men så skjedde det noe uventet. Mens Kasper var i ferd med å tenke på hva han skulle forvandle neste, hoppet Tage opp på maskinen. Kasper så ikke det før det var for sent. Han hadde nettopp skrudd på maskinen igjen og mumlet: "Hva om jeg kunne ha en kjempestor venn?"

Et øyeblikk senere hørte han et kraftig brak, og rommet ristet. Da Kasper snudde seg, sto han ansikt til ansikt med en enorm katt! Tage hadde blitt til en gigantisk utgave av seg selv! Den store katten mjauet så høyt at vinduene ristet, og Tage begynte å vandre rundt i rommet, velte alt i veien med sine enorme poter.

"Kjære vene!" ropte Kasper. "Hva har jeg gjort?"

Han prøvde desperat å få Tage tilbake til normal størrelse, men det var ikke så lett. Den gigantiske katten var nå så stor at den ikke passet gjennom dørene, og den virket ikke helt fornøyd med sin nye størrelse. Kasper sprang rundt i rommet mens han prøvde å komme på en plan.

Etter en stund fikk han en idé. "Hvis jeg brukte maskinen til å forstørre Tage, kan jeg sikkert bruke den til å gjøre ham liten igjen!" sa han til seg selv.

Kasper stilte maskinen inn på omvendt modus og håpet det ville fungere. Han trykket på knappen, og et stort lysglimt fylte rommet. Tage begynte å krympe, og til slutt var han tilbake til sin vanlige størrelse, om enn litt fornærmet.

"Puh!" sukket Kasper lettet. "Det var en stor feil."

Fra den dagen lovet Kasper å være mer forsiktig med sine oppfinnelser, spesielt når det gjaldt å inkludere Tage i dem!

Kasper's Unbelievable Invention

———

Kasper was a very curious boy, always on the lookout for new inventions. He loved spending time in the basement, which he had turned into his own laboratory. There, he experimented with strange machines and wild ideas. But the most exciting invention he had ever created was a machine that could turn ordinary things into anything he could imagine.

"I call it the Transformer," Kasper proudly told his cat, Tage. Tage seemed uninterested, but Kasper wasn't worried. He was certain that this machine would change the world!

One day, Kasper decided to test the machine on something simple, so he placed an old pencil in the machine's chamber and flipped the switch. "Turn into chocolate!" he said loudly. The machine buzzed, blinked with lights, and before he knew it, a large chocolate bar lay where the pencil had been. Kasper couldn't believe it! The machine actually worked!

"Amazing!" he exclaimed. "I can turn anything I want into whatever I want!"

He got so excited that he began experimenting with all sorts of things around the house. An old book became a pizza, a rock turned into a soccer ball, and even a piece of paper was transformed into a bird that flew around the room.

But then something unexpected happened. While Kasper was thinking about what to transform next, Tage jumped up onto the machine. Kasper didn't notice until it was too late. He had just turned the machine on again and muttered, "What if I could have a giant friend?"

A moment later, he heard a loud crash, and the room shook. When Kasper turned around, he was face-to-face with a giant cat! Tage had become a gigantic version of himself! The enormous cat meowed so loudly that the windows rattled, and Tage began wandering around the room, knocking over everything in his path with his huge paws.

"Oh no!" shouted Kasper. "What have I done?"

He desperately tried to get Tage back to normal size, but it wasn't easy. The giant cat was now so big that he couldn't fit through the doors, and he didn't seem too happy about his new size. Kasper ran around the room, trying to come up with a plan.

After a while, he got an idea. "If I used the machine to make Tage bigger, surely I can use it to make him smaller again!" he said to himself.

Kasper set the machine to reverse mode and hoped it would work. He pressed the button, and a bright flash of light filled the room. Tage began to shrink, and finally, he was back to his normal size, though a little disgruntled.

"Phew!" Kasper sighed with relief. "That was a big mistake."

From that day on, Kasper promised to be more careful with his inventions, especially when it came to involving Tage in them!

Emil og den tidsreisende sykkelen

Emil var en fantasifull gutt som elsket å utforske gamle ting. En dag, mens han lekte i bestefarens loft, fant han en gammel, rusten sykkel. Den så ut som noe fra en annen tid, og Emil kunne ikke la være å undre seg over dens historie. "Kanskje denne sykkelen har vært med på mange spennende eventyr," tenkte han.

Han bestemte seg for å ta sykkelen ut på en prøvetur. Da han satte seg på den og tråkket forsiktig, begynte hjulene å spinne raskere enn normalt. Plutselig føltes det som om luften forandret seg rundt ham, og før han visste ordet av det, var han ikke lenger i bestefarens hage. Han var i en helt annen tid!

Det var da Emil skjønte at denne sykkelen ikke var som andre sykler. Den kunne reise gjennom tid!

Emil skyndte seg til huset til sin beste venn, Emma. Hun var alltid med på hans sprø idéer, og dette var ikke noe unntak. Sammen bestemte de seg for å utforske hva sykkelen kunne gjøre. Første stopp: dinosaurenes tid!

Med et sus og et blink, reiste de tilbake millioner av år, til en tid da gigantiske skapninger vandret på jorden. De så enorme dinosaurer som beveget seg rundt dem, og de måtte være forsiktige for ikke å bli tråkket på. Emma, som alltid var den nysgjerrige av de to, tok notater mens Emil prøvde å holde sykkelen klar for avreise.

Etter dinosaurenes tid bestemte de seg for å besøke oldtidens Egypt. De befant seg midt i en pyramidens konstruksjon, omgitt av arbeiderne som slepte store steiner på plass. "Det er utrolig!" sa Emil, da de så faraoen passere i en praktfull vogn. Emma tok bilder med sitt imaginære kamera, og de lærte mer om hvordan de gamle egypterne levde og bygde sine majestetiske monumenter.

Men det var ikke bare fortiden de utforsket. Emil og Emma reiste også til fremtiden, til en tid der flygende biler suste rundt skyskrapere, og roboter hjalp folk i dagliglivet. De ble fascinert av de teknologiske underverkene, men snart merket de at noe var galt. Tiden begynte å oppføre seg rart. Ting de hadde endret på i fortiden påvirket fremtiden på uventede måter.

Plutselig sto de overfor farene ved tidsreiser. Historien begynte å endre seg, og de forsto at de måtte finne en måte å stoppe kaoset på før det var for sent. De måtte tilbake til nåtiden!

Med et siste forsøk, tråkket Emil hardt på pedalene, og sykkelen førte dem tilbake til bestefarens loft. De pustet lettet ut. "Ingen flere tidsreiser for nå," sa Emil med et smil. Emma nikket, enig.

Men selv om eventyrene var over for denne gang, visste de begge at sykkelen alltid ville være der, klar for nye reiser når de var klare for det.

Emil and the Time-Traveling Bicycle

E mil was an imaginative boy who loved exploring old things. One day, while playing in his grandfather's attic, he found an old, rusty bicycle. It looked like something from another era, and Emil couldn't help but wonder about its history. "Maybe this bike has been on many exciting adventures," he thought.

He decided to take the bike for a test ride. As he sat on it and pedaled cautiously, the wheels began to spin faster than usual. Suddenly, the air around him seemed to change, and before he knew it, he was no longer in his grandfather's yard. He was in a completely different time!

That's when Emil realized this was no ordinary bicycle. It could travel through time!

Emil rushed to his best friend Emma's house. She was always up for his crazy ideas, and this was no exception. Together, they decided to explore what the bike could do. First stop: the age of the dinosaurs!

With a whoosh and a flash, they traveled back millions of years to a time when giant creatures roamed the Earth. They saw massive dinosaurs moving around them and had to be careful not to get stepped on. Emma, always the curious one, took notes while Emil tried to keep the bike ready for departure.

After the age of dinosaurs, they decided to visit ancient Egypt. They found themselves in the middle of a pyramid's construction, surrounded by workers hauling giant stones into place. "This is incredible!" said Emil as they watched a pharaoh pass by in a magnificent chariot. Emma took imaginary pictures, and they learned more about how the ancient Egyptians lived and built their majestic monuments.

But it wasn't just the past they explored. Emil and Emma also traveled to the future, to a time where flying cars zoomed around skyscrapers, and robots helped people in their daily lives. They were fascinated by the technological wonders, but soon noticed something was wrong. Time started acting strangely. Things they had changed in the past were affecting the future in unexpected ways.

Suddenly, they faced the dangers of time travel. History was beginning to unravel, and they realized they had to find a way to stop the chaos before it was too late. They needed to get back to the present!

With one last effort, Emil pedaled hard, and the bike brought them back to his grandfather's attic. They sighed in relief. "No more time traveling for now," said Emil with a smile. Emma nodded in agreement.

But even though the adventures were over for now, they both knew that the bike would always be there, ready for new journeys when they were ready for it.

Den Mysteriske Skogen i Fabelheim

I den lille landsbyen Fabelheim, omkranset av fjell og bekker, fantes det en skog som ingen våget å gå inn i. Skogen var tykk med høye trær som strakte seg mot himmelen, og mellom grenene kunne man se merkelige lys som danset i natten. Folk sa at trærne hvisket gamle hemmeligheter, og at de som trådte inn i skogen aldri kom tilbake. Dette skapte frykt og mystikk, og landsbyens innbyggere holdt seg langt unna.

Men for de nysgjerrige søsknene Lina og Lukas, var det nettopp dette som gjorde skogen spennende. De hadde hørt mange historier fra bestemor om skogen, og i dag bestemte de seg for å oppdage dens hemmeligheter.

"La oss gå!" sa Lina, og smilte oppmuntrede til sin bror. Lukas, alltid klar for et eventyr, nikket ivrig.

De trådte inn i skogen, og med hvert skritt, følte de at noe magisk skjedde. Luften var tykk av duften av blomster og urter, og fuglesangene blandet seg med en svak hvisking fra trærne. Plutselig så de en lysning hvor solen skinte ned, og i midten sto et enormt, gammelt tre.

"Se på det treet!" utbrøt Lukas. Det var dekket av mose og blomster, og det så ut som om det smilte til dem. Da de nærmet seg, hørte de en stemme som kom fra treet.

"Velkommen, kjære barn," sa den gamle stemmen. "Jeg er Eldar, vokteren av denne skogen. Dere har modet til å trå inn i mitt rike. Hva søker dere?"

"Vi vil utforske skogen!" svarte Lina med glitrende øyne. "Vi har hørt så mange historier om den."

Eldar nikket. "Det er godt at dere har kommet. Men skogen er i fare. En gammel forbannelse truet med å ødelegge denne magiske verden. Bare de med rent hjerte kan hjelpe til med å bryte forbannelsen."

"Hvordan kan vi hjelpe?" spurte Lukas, spent.

"Dere må finne tre skjulte gjenstander som holder nøkkelen til forbannelsens opphevelse," forklarte Eldar. "En krystall fra den lysende kilden, en fjær fra den mektige gryfen, og en stein fra den eldgamle hule. Men vær forsiktige! Mange farer lurer i skogen."

Lina og Lukas så på hverandre, og uten å nøle, nikket de. De var klare for å ta utfordringen!

De begynte med å lete etter den lysende kilden. Etter en lang og eventyrlig ferd, kom de til en liten bekk hvor vannet glitret som stjerner. De fylte en krystallflaske med det glitrende vannet og følte en bølge av energi strømme gjennom dem.

Neste stopp var å finne gryfen. De måtte klatre opp til en bratt klippe, hvor de til slutt oppdaget gryfen som hvilte på toppen. Den var majestetisk, med gyldne fjær og et skarpt blikk. Lina hvisket en bønn om mot og ba om en fjær. Til deres overraskelse, svevde gryfen ned og ga dem en vakker fjær.

Deres siste oppdrag førte dem til den eldgamle hulen. Den var mørk og skummel, men Lina og Lukas holdt hverandre i hånden og gikk inn. I hulen fant de en lysende stein som pulserte med liv. Da de tok den, hørte de en rumling, som om hulen var glad for å se dem.

Da de kom tilbake til Eldar, var de stolte av å vise ham de tre gjenstandene. Eldar smilte og begynte å mumle en gammel trylleformel. Plutselig begynte skogen å glitre av lys, og en vakker melodi fylte luften.

"Dere har brutt forbannelsen! Skogen vil blomstre igjen, takket være deres mot og samarbeid," sa Eldar. "Gå nå, men husk at dere alltid har en plass her, i Fabelheim."

Lina og Lukas løp ut av skogen, med hjertene fylt av glede og en nyfunnet kjærlighet for naturen. De visste at deres eventyr ville bli en del av landsbyens historier, og de ville aldri glemme den magiske skogen i Fabelheim.

The Mysterious Forest of Fabelheim

In the small village of Fabelheim, surrounded by mountains and streams, there was a forest that no one dared to enter. The trees were thick with tall trunks stretching toward the sky, and strange lights danced between the branches. People said the trees whispered ancient secrets, and those who entered the forest never returned. This created fear and mystery, causing the villagers to stay far away.

But for the curious siblings, Lina and Lukas, it was exactly this that made the forest exciting. They had heard many stories from their grandmother about the forest, and today they decided to discover its secrets.

"Let's go!" said Lina, smiling encouragingly at her brother. Lukas, always ready for an adventure, nodded eagerly.

As they stepped into the forest, they felt something magical happening with every step. The air was thick with the scent of flowers and herbs, and the songs of birds blended with a faint whisper from the trees. Suddenly, they saw a clearing where sunlight shone down, and in the middle stood an enormous, ancient tree.

"Look at that tree!" exclaimed Lukas. It was covered in moss and flowers, and it seemed to smile at them. As they approached, they heard a voice coming from the tree.

"Welcome, dear children," said the old voice. "I am Eldar, the guardian of this forest. You have the courage to step into my realm. What do you seek?"

"We want to explore the forest!" Lina replied with sparkling eyes. "We've heard so many stories about it."

Eldar nodded. "It is good that you have come. But the forest is in danger. An ancient curse threatens to destroy this magical world. Only those with pure hearts can help break the curse."

"How can we help?" asked Lukas, excited.

"You must find three hidden objects that hold the key to lifting the curse," Eldar explained. "A crystal from the shining spring, a feather from the mighty griffin, and a stone from the ancient cave. But be careful! Many dangers lurk in the forest."

Lina and Lukas looked at each other, and without hesitation, they nodded. They were ready to take on the challenge!

They started by searching for the shining spring. After a long and adventurous journey, they arrived at a small stream where the water sparkled like stars. They filled a crystal bottle with the glimmering water and felt a wave of energy surge through them.

Next, they set out to find the griffin. They had to climb to a steep cliff where they eventually discovered the griffin resting at the top. It was majestic, with golden feathers and a sharp gaze. Lina whispered a prayer for courage and asked for a feather. To their surprise, the griffin swooped down and gifted them a beautiful feather.

Their final task took them to the ancient cave. It was dark and scary, but Lina and Lukas held hands and ventured inside. In the cave, they found a glowing stone that pulsed with life. As they took it, they heard a rumble, as if the cave was glad to see them.

When they returned to Eldar, they proudly presented the three objects. Eldar smiled and began to chant an ancient spell. Suddenly, the forest sparkled with light, and a beautiful melody filled the air.

"You have broken the curse! The forest will bloom again, thanks to your courage and teamwork," said Eldar. "Now go, but remember that you will always have a place here, in Fabelheim."

Lina and Lukas ran out of the forest, their hearts filled with joy and a newfound love for nature. They knew that their adventure would become part of the village's stories, and they would never forget the magical forest of Fabelheim.

Milo og den Magiske Penselen

I den lille byen Krea bodde det en gutt som het Milo. Milo var en kreativ sjel med en stor lidenskap for kunst. Han tilbrakte time etter time på å tegne og male. En dag, mens han utforsket en gammel kunstbutikk, oppdaget han noe uventet. På en støvete hylle fant han en pensel som skinte i alle regnbuens farger.

Milo plukket opp penselen og kjente en spesiell energi strømme gjennom hånden sin. "Denne penselen må være magisk!" tenkte han. Uten å nøle, bestemte Milo seg for å teste penselen. Han fant et stort ark og begynte å male en vakker hage med blomster som danset i vinden.

Til sin store overraskelse begynte blomstene å bevege seg! De danset og snakket til ham. "Hei, Milo! Takk for at du har brakt oss til live!" sa en glad lilje. Milo kunne ikke tro sine egne øyne. Han hadde nettopp skapt en levende verden.

Entusiastisk malte Milo flere skapninger. Han lagde snakkende kaniner, et vennlig ekorn, og til og med en majestetisk sommerfugl. Hver gang han dyppet penselen i fargen, kom en ny skapning til live. Men så, mens han malte en rampete katt, skjedde det noe uventet. Katten, med sin lekne natur, spratt ut av maleriet og begynte å forårsake kaos i rommet.

"Å nei!" ropte Milo. "Hva skal jeg gjøre nå?" Katten løp rundt, rev ned malerier og skapte et stort rot. Milo visste at han måtte handle raskt. Han ringte vennene sine, Sara og Leo, for å be om hjelp.

Sammen begynte de å planlegge. "Vi må fange katten tilbake i maleriet!" sa Sara. "Kanskje vi kan male en stor, deilig fisk som vil lokke den tilbake?" foreslo Leo. Milo elsket ideen, så de begynte å male en gigantisk fisk på lerretet.

Da katten så fisken, ble den umiddelbart interessert og begynte å nærme seg. Med et raskt sprang, fanget Milo katten med penselen og trakk den tilbake inn i maleriet. Katten smilte og begynte å le. "Beklager for kaoset! Jeg bare elsket å være fri!"

Milo pustet lettet ut. Han hadde lært at selv om magi kunne være morsom, kom det også med ansvar.

Og med den magiske penselen i hånden, visste han at eventyrene bare var begynnelsen.

Milo and the Magical Paintbrush

In the small town of Krea, there lived a boy named Milo. Milo was a creative soul with a great passion for art. He spent hour after hour drawing and painting. One day, while exploring an old art store, he stumbled upon something unexpected. On a dusty shelf, he found a paintbrush that shimmered in all the colors of the rainbow.

Milo picked up the brush and felt a special energy flowing through his hand. "This brush must be magical!" he thought. Without hesitation, Milo decided to test the brush. He found a large sheet of paper and began to paint a beautiful garden with flowers dancing in the wind.

To his great surprise, the flowers started to move! They danced and spoke to him. "Hello, Milo! Thank you for bringing us to life!" said a happy lily. Milo could not believe his eyes. He had just created a living world.

Excitedly, Milo painted more creatures. He created talking rabbits, a friendly squirrel, and even a majestic butterfly. Every time he dipped the brush in paint, a new creature came to life. But then, while painting a mischievous cat, something unexpected happened. The cat, with its playful nature, jumped out of the painting and began to cause chaos in the room.

"Oh no!" shouted Milo. "What am I going to do now?" The cat ran around, knocking over paintings and creating a big mess.

Milo knew he had to act fast. He called his friends, Sara and Leo, for help.

Together, they started to plan. "We need to catch the cat back in the painting!" said Sara. "Maybe we can paint a big, delicious fish that will lure it back?" suggested Leo. Milo loved the idea, so they began to paint a giant fish on the canvas.

When the cat saw the fish, it immediately became interested and started to approach. With a quick leap, Milo caught the cat with the brush and pulled it back into the painting. The cat smiled and began to laugh. "Sorry for the chaos! I just loved being free!"

Milo sighed in relief. He had learned that while magic could be fun, it also came with responsibility.

And with the magical paintbrush in hand, he knew that the adventures were just the beginning.

Liam og Den Stjernefylte Eventyret

En varm sommerkveld, mens stjernene skinte klart på himmelen, satt Liam og vennene hans i hagen. De så opp på de blinkende stjernene og drømte om å reise til verdensrommet. "Tenk om vi kunne bygge en rakett!" foreslo Liam. Vennene hans, Emma og Max, ble umiddelbart med på ideen.

Sammen begynte de å samle gamle esker, plastrør og alt annet de kunne finne i garasjen. De jobbet hele natten og bygde en fargerik rakett som de døpte "Drømmeraketten". Da solen begynte å stige opp over horisonten, var de klare for å dra.

"Er alle klare?" spurte Liam spent. Vennene nikket ivrig. De krøp inn i raketten, og Liam begynte å telle ned. "Tre, to, én... oppskyting!" Med et stort smell lettet raketten fra bakken, og de ble kastet inn i en verden av stjerner.

Deres første stopp var en planet de kalte Vennskapsplanet. Der møtte de vennlige skapninger som delte frukt og smilte. "Her lærer vi at vennskap er som frukt; det vokser og blir bedre når vi deler det med hverandre," sa en av skapningene. Liam og vennene lærte å være åpne og snille mot hverandre, og de delte sine egne historier om vennskap.

Neste stopp var Miljøplaneten, hvor alt var grønt og frodig. Skapningene der viste dem hvor viktig det er å ta vare på jorden. "Hvis vi ikke passer på planeten vår, vil den ikke kunne ta vare på oss," sa en klok gammel skapning. Liam og vennene lovet å gjøre sitt beste for å ta vare på naturen hjemme.

Til slutt besøkte de Drømmenes planet, hvor stjerner var levende og snakket med dem. "Dere kan oppnå alt dere drømmer om, men dere må aldri glemme de som støtter dere," sa en stjerne. Liam innså hvor mye vennene hans betydde for ham og hvor viktig det er å støtte hverandre i drømmene sine.

Etter mange eventyr og lærdommer begynte Liam å føle seg litt trist. "Vi må dra hjem nå," sa han med et snev av motløshet. Vennene hans så på ham. "Men vi kan ta med oss alt vi har lært!" sa Emma oppmuntrende.

De startet reisen tilbake, og snart svevde raketten over jorden igjen. Da de landet, var de ikke bare tre barn, men også tre venner med minner og visdom fra universet. De lovet å bruke det de hadde lært til å gjøre verden rundt seg til et bedre sted.

Sammen så de opp mot stjernene og visste at de alltid kunne drømme og utforske, uansett hvor de var. Liam smilte, for han hadde lært at det er eventyrene i livet som gir det mening, men det er vennene som gir det glede.

Liam and the Starry Adventure

On a warm summer evening, as the stars twinkled brightly in the sky, Liam and his friends sat in the garden. They looked up at the blinking stars and dreamed of traveling to space. "What if we could build a rocket?" Liam suggested. His friends, Emma and Max, immediately jumped on the idea.

Together, they began to gather old boxes, plastic tubes, and anything else they could find in the garage. They worked all night and built a colorful rocket they named "The Dream Rocket." As the sun began to rise on the horizon, they were ready to go.

"Is everyone ready?" Liam asked excitedly. His friends nodded eagerly. They crawled into the rocket, and Liam started counting down. "Three, two, one... launch!" With a loud bang, the rocket lifted off the ground, and they were thrown into a world of stars.

Their first stop was a planet they called Friendship Planet. There, they met friendly creatures who shared fruit and smiled. "Here we learn that friendship is like fruit; it grows and gets better when we share it with each other," said one of the creatures. Liam and his friends learned to be open and kind to each other, sharing their own stories of friendship.

The next stop was Environment Planet, where everything was green and lush. The creatures there showed them how important it is to take care of the Earth. "If we don't take care of our planet, it won't be able to take care of us," said a wise old creature. Liam and his friends promised to do their best to care for nature at home.

Finally, they visited Dream Planet, where stars were alive and talked to them. "You can achieve anything you dream of, but you must never forget those who support you," said one star. Liam realized how much his friends meant to him and how important it is to support each other in their dreams.

After many adventures and lessons, Liam began to feel a little sad. "We have to go home now," he said, a hint of disappointment in his voice. His friends looked at him. "But we can take everything we've learned with us!" Emma encouraged.

They began the journey back, and soon the rocket hovered over Earth again. When they landed, they were not just three children but three friends with memories and wisdom from the universe. They promised to use what they had learned to make the world around them a better place.

Together they looked up at the stars and knew that they could always dream and explore, no matter where they were. Liam smiled, for he had learned that it's the adventures in life that give it meaning, but it's the friends who bring it joy.

Det Fantastiske Bakeriet

———

I hjertet av en travel by, hvor husene står tett i tett og lydene av folk og biler fyller luften, bodde det en ti år gammel jente ved navn Mia. Mia elsket å utforske, og hver dag etter skolen pleide hun å gå på oppdagelsesferd i nabolaget sitt. En dag, mens hun gikk ned en smal gate hun aldri hadde vært i før, ble hun nysgjerrig på en liten butikk med et skilt som sa "Mr. Kakes Fantastiske Bakeri".

Mia åpnet døren, og en søt duft av kaker og bakverk møtte henne. Inne i bakeriet var det en utrolig fargerik verden. Hyllene var fylt med kaker, småkaker og andre godsaker som hun aldri hadde sett før. Bakeriet var fylt med magisk lys, og Mia kunne til og med høre musikk som kom fra ingen steder.

Bak disken stod Mr. Kake, en mystisk baker med et stort smil og en hvit frakk. "Velkommen, Mia!" sa han. "Jeg har ventet på deg. I dag har du muligheten til å oppleve noe helt spesielt!"

Mia kunne ikke tro sine egne ører. "Hva mener du?" spurte hun, nysgjerrig.

"Du og vennene dine er invitert til å tilbringe en dag her i bakeriet mitt," sa Mr. Kake. "Men for å nyte mine magiske bakverk må dere løse gåter og fullføre utfordringer. Er dere klare for eventyret?"

Mia løp hjem og hentet sine beste venner, Leo og Sara. Sammen gikk de tilbake til bakeriet, hvor Mr. Kake ventet på dem.

"Første utfordring," begynte han, "er å løse denne gåten: Hva har hjerte, men ingen kropp?"

Mia og vennene tenkte hardt. Etter noen minutter kom Leo med svaret: "Det er et kort!"

"Riktig!" ropte Mr. Kake. "Nå kan dere smake på mine flygende cupcakes!"

Han plukket opp en cupcake med regnbuefarger og ga den til hver av dem. Da de tok en bit, begynte de å sveve opp fra bakken! De fløy rundt i bakeriet og lo, mens de så på de magiske bakverkene under dem.

"Dette er utrolig!" ropte Sara. "Hva skal vi gjøre nå?"

"Neste utfordring," sa Mr. Kake, "er å lage en småkake som kan snakke med dyr."

Mia, Leo og Sara begynte å lage småkaker med forskjellige ansikter og former. Da de var ferdige, tok de en bit, og plutselig begynte småkakene å snakke! "Hei, vi elsker å møte nye venner!" sa en av småkakene. "La oss gå ut og snakke med dyrene i parken!"

De tre vennene fulgte småkakene ut av bakeriet og til parken. Der snakket de med fugler, ekorn og til og med en katt som satt i solen. Det var en magisk opplevelse, og de følte seg som om de var i en drøm.

Etter å ha tilbrakt tid med dyrene, gikk de tilbake til bakeriet for å fullføre den siste utfordringen. Mr. Kake sa: "Den siste utfordringen er å lage en pai som kan transportere dere til en annen verden."

Mia, Leo og Sara begynte å lage en stor fruktpai med alle slags frukter. Da de var ferdige, tok de en bit av paien, og før de visste ordet av det, ble de svevende til en fantastisk verden fylt med fargerike trær, snakkende dyr og glitrende elver.

De utforsket denne nye verdenen, oppdaget skjulte skatter og møtte venner fra forskjellige eventyr. De lærte om verdien av vennskap, deling og kreativitet.

Etter en spennende dag i den magiske verdenen, sa Mr. Kake: "Nå som dere har fullført utfordringene, kan dere komme tilbake hit når som helst for flere eventyr!"

Mia, Leo og Sara takket Mr. Kake og lovet å komme tilbake. De forlot bakeriet med hjerter fulle av glede og fantasi, og visste at de alltid ville ha en plass hvor magien og eventyrene ventet.

The Fantastic Bakery

In the heart of a bustling city, where the buildings stood close together and the sounds of people and cars filled the air, lived a ten-year-old girl named Mia. Mia loved to explore, and every day after school, she would go on adventures in her neighborhood. One day, while walking down a narrow street she had never been on before, she became curious about a small shop with a sign that read "Mr. Cake's Fantastic Bakery."

Mia opened the door, and a sweet aroma of cakes and pastries greeted her. Inside the bakery was an incredibly colorful world. Shelves were filled with cakes, cookies, and other treats she had never seen before. The bakery was filled with magical lights, and Mia could even hear music coming from nowhere.

Behind the counter stood Mr. Cake, an enigmatic baker with a big smile and a white coat. "Welcome, Mia!" he said. "I've been waiting for you. Today, you have the chance to experience something truly special!"

Mia couldn't believe her ears. "What do you mean?" she asked, intrigued.

"You and your friends are invited to spend a day here in my bakery," Mr. Cake said. "But to enjoy my magical pastries, you must solve riddles and complete challenges. Are you ready for the adventure?"

Mia ran home and grabbed her best friends, Leo and Sara. Together, they returned to the bakery, where Mr. Cake was waiting for them.

"The first challenge," he began, "is to solve this riddle: What has a heart but no body?"

Mia and her friends thought hard. After a few minutes, Leo came up with the answer: "It's a card!"

"Correct!" shouted Mr. Cake. "Now you can taste my flying cupcakes!"

He picked up a rainbow-colored cupcake and handed one to each of them. As they took a bite, they began to float up off the ground! They flew around the bakery, laughing as they looked at the magical treats below them.

"This is amazing!" shouted Sara. "What are we going to do next?"

"The next challenge," said Mr. Cake, "is to create a cookie that can talk to animals."

Mia, Leo, and Sara began to make cookies with different faces and shapes. When they were finished, they took a bite, and suddenly the cookies began to talk! "Hello, we love meeting new friends!" said one of the cookies. "Let's go out and talk to the animals in the park!"

The three friends followed the cookies out of the bakery and into the park. There, they chatted with birds, squirrels, and even a cat lounging in the sun. It was a magical experience, and they felt as if they were in a dream.

After spending time with the animals, they returned to the bakery to complete the final challenge. Mr. Cake said, "The last challenge is to make a pie that can transport you to another world."

Mia, Leo, and Sara began to create a large fruit pie with all kinds of fruits. When they were done, they took a bite of the pie, and before they knew it, they were whisked away to a fantastic world filled with colorful trees, talking animals, and sparkling rivers.

They explored this new world, discovered hidden treasures, and met friends from various adventures. They learned about the value of friendship, sharing, and creativity.

After an exciting day in the magical world, Mr. Cake said, "Now that you've completed the challenges, you can come back here anytime for more adventures!"

Mia, Leo, and Sara thanked Mr. Cake and promised to return. They left the bakery with hearts full of joy and imagination, knowing they would always have a place where magic and adventures awaited.